Manuela Gassner

Kurt Tepperwein

Worte für die Welt von morgen

Impressum

Bibliografische Information der Deutschen Nationalbibliothek:
Die Deutsche Nationalbibliothek verzeichnet diese Publikation
in der Deutschen Nationalbibliografie; detaillierte
bibliografische Daten sind im Internet über http://dnb.dnb.de
abrufbar.

© 2026 Mag. Manuela Gassner

Verlag: BoD · Books on Demand GmbH, Überseering 33,
22297 Hamburg, bod@bod.de
Druck: Libri Plureos GmbH, Friedensallee 273, 22763 Hamburg

ISBN: 978-3-7543-4574-0

Die folgenden Worte von Kurt Tepperwein entstanden im persönlichen Gespräch als auch in den Interviews für den *The Awakening!Summit*. Die Interviews sind auf YouTube frei zugänglich.
https://www.youtube.com/@seelenzeitgespräche

Manuela Gassner

Kurt Tepperwein
Worte für die Welt von morgen

Inhaltsverzeichnis

Im Rahmen eines unserer Interviews stellte mir die Autorin die Frage: *„Was ist das Wichtigste im Leben?"* Es sind vielmehr unverzichtbare Punkte, die Sie auch in diesem Buch finden, die vollständig miteinander wirken, wobei das Wichtigste bzw. der erste Schritt ist: **Der Schritt vom Ich zum erwachten Bewusstsein. Das Erwachen zu sich selbst.**

Solange ich nur schlafe und nur vom Leben träume, da bin ich ja gar nicht da, da lebe ich ja gar nicht und sterbe, ohne je gelebt zu haben. Aus diesem Erwachen ergibt sich dann alles Andere, denn da wissen Sie dann ja, was zu tun ist und tun damit immer das Richtige.

Dazu sollte ich mich auch mit den Gesetzmäßigkeiten des Lebens („Die Geistigen Gesetze") vertraut machen, denn ohne die Spielregeln des Lebens zu kennen, lebt es sich nicht wirklich. Wirklich leben heißt auch, bewusst Schöpfer zu sein. Um sein Schicksal bewusst zu gestalten, ist Mentaltraining ein geeignetes Instrument.

Nach Ihren so gewonnenen Erkenntnissen und Entwicklungen lässt sich in den Worten von Jesus abschließen: „Nun, da ihr wisst, was zu tun ist, gehet hin und tuet das Richtige."

Ihr Kurt Tepperwein

EINLEITUNG

Als ich erkannte, dass da mehr war, was ich vom Leben verstehen wollte, wandte ich mich verschiedenen Philosophien und östlichen Lehren zu, doch auch in unserem europäischen Raum fand ich einen Ansprechpartner für viele meiner Fragen: *Wer bin ich, woher komme ich und vor allem: Warum bin ich hier?*

Nach vielen Büchern und Seminaren ließ ich mich schließlich zur „Dipl. Mentaltrainerin nach Kurt Tepperwein" ausbilden. Viele der hierin gefundenen Weisheiten und (nach innen) geöffnete Türen brachten mich zu mir, zu Bewusstsein und auf meinen Weg.

Im Rahmen des The Awakening!Summit, den ich im Juni 2021 mit meinem Team veranstalten durfte, ergab sich die lange ersehnte[1] Gelegenheit, persönlich mit Kurt Tepperwein im Rahmen von Interviews zu sprechen. Kurz später durfte ich ihn auch persönlich kennenlernen und wir setzten das Gespräch fort. Das in diesen Stunden Gehörte und Aufgenommene – in Verbindung mit den Lehren aus den Jahren zuvor in meinen Ausbildungen - darf ich in diesem Buch zu meiner Freude für Dich weitergeben.

Gänzlich unveränderte Aussagen von Herrn Kurt Tepperwein sind als solche markiert. In weiteren Passagen

---

[1] Dabei beziehe ich mich selbstverständlich auf Techniken des Visualisierens, Imaginierens und Vorerlebens, des richtigen Wünschens, aber auch auf das Einssein und die Allverbundenheit.

ist die „Sie-Ansprache" beibehalten worden, um die klare Absicht einer wirkenden Botschaft von Kurt Teppewein an die Welt zu erhalten.

Für den Prozess des kollektiven Aufwachens braucht es Viele von uns: Ich freue mich daher, dass du hier bist! Namasté!

ManuEla

„Wir alle sind ungetrennte Teile
dieses Allerhöchsten, des Einen
Seins."

(Kurt Tepperwein)

EIN BEWUSSTER SCHÖPFER SEIN

Ein bewusster Schöpfer zu sein bedeutet, sein Leben aktiv zu gestalten. Vom Opfer zum bewussten Schöpfer zu werden, **ein bewusster „Lebens-Architekt" und „Zukunfts-Designer". Es bedeutet, selbst die Verantwortung für sein Schicksal zu übernehmen.**

> **Solange ich aber der Handelnde bin, verursache ich damit ständig „Karma" und muss inkarnieren, um dieses angesammelte Karma in Empfang zu nehmen. Auch wenn ich nur noch „gutes Karma" verursache, bleibe ich in diesem Hamsterrad gefangen und bin nicht bewusster Schöpfer.**

Um sein Schicksal bewusst zu gestalten und die ersten Schritte für diese Richtung zu unternehmen, ist Mentaltraining ein geeignetes Instrument. Die Vollendung des Mentaltrainings ist das Sein in der bewussten Vollkommenheit.

Das Spiegel-Gleichnis

Als bewusste Schöpfer gestalten wir nicht mehr das Außen, die Realität, sondern **die Ursache, unser „Sosein"**, unsere Innenwelt. Denn **unser Schicksal ist ein genaues Spiegelbild unseres „Soseins".** Will ich, dass die Welt lächelt, muss ich zuerst lächeln. Der Spiegel *kann* nicht den Anfang machen. Aber *wenn* ich lächle, *muss* das Spiegelbild-Schicksal auch lächeln, denn der Spiegel hat keine Wahl, ich, du, wir schon. Unser Sosein von heute ist unsere Realität von morgen.

Dann bin ich nicht mehr „der Handelnde" und verursache daher kein neues Karma mehr und bin frei - für die nächste Dimension.

Das Ozean-Gleichnis

Als bewusster Schöpfer erkennen wir uns auch **als das Eine Sein**. So wie die Welle nie vom Ozean getrennt war, im Gegenteil, es war immer der Ozean, der als Wellen in Erscheinung trat.

Damit beenden wir die letzte Illusion, *die Illusion der Trennung* und als das „Eine Sein" übernehmen wir die Verantwortung für das Ganze und schaffen die Welt, so wie sie sein sollte. Das ändert natürlich auch grundlegend unser „Sosein" und damit entsprechend unser Schicksal, unsere Zukunft, unser ganzes Leben und *„Sie treten ein, in das faszinierende Abenteuer Ihres wahren Lebens"*.

Damit und erst damit haben wir unsere „geistige Geburt" vollendet und sind bereit für die nächste Dimension.

UNSER SOSEIN

Die wichtigste Ursache, die wir konstant in unserem Leben säen, ist unser „Sosein". Unser Sosein ist unser Dauerauftrag an das Leben für jene entsprechenden Ereignisse, die wir dann ernten. *„Alles, was Sie erleben, ist ein genaues Spiegelbild Ihres Soseins. Ihr Sosein bestimmt Ihr ganzes Leben, Ihr Schicksal, Ihre Zukunft."*

Wir können jederzeit unser „Sosein" ändern, durch bewusste gute Laune und unser bewusstes Sympathisch-Sein. Durch bewusstes Gewahrsein bzw. die Gegenwärtigkeit machen wir uns immer wieder bewusst, WAS wir wirklich wollen. Und dann: *„Verändern Sie Ihre Schwingung entsprechend und wandeln Sie Ihr ganzes Leben so in sein Ideal."*

Unser Sosein bestimmt und verändert ständig unser Schicksal. Unser Sosein besteht im Wesentlichen aus unserem Selbstbild, ALS WER wir leben und wovon wir überzeugt sind. Und vor allem, worauf wir *vorwiegend* unsere Aufmerksamkeit richten, auf den erlebten Mangel oder die natürliche Fülle. **Es gilt daher zu lernen, unerwünschte Ereignisse nicht mehr energetisch hervorzurufen oder anzuziehen, sondern die erwünschten Ereignisse energetisch zu verursachen und damit als erlebte Realität zu manifestieren.** Die richtige Ursache setzen und das Leben bringt zuverlässig die gewünschte Wirkung hervor.

Das Licht-Gleichnis

Die zur Ursache entsprechende Wirkung ist so zuverlässig, wie das Einschalten von Licht. Es spielt keine Rolle, wie dunkel es im Raum ist, oder wie lange es schon dunkel ist, oder in welchem Bewusstsein Sie sind. Sobald Sie den Schalter betätigen, geht das Licht an.

> *„Und wenn Sie wollen, beginnt Ihr*
> *wahres Leben genau jetzt!"*

Auf die Frage nach „Was ist das Wichtigste im Leben?" antwortete mir Kurt Tepperwein:

„Das Wichtigste ist das Unverzichtbare, nämlich der Schritt vom Ich zum erwachten Bewusstsein, vom Traum in die Wirklichkeit des Wahren Seins." Solange wir hier sind, sollten wir unsere Lebensabsicht erkennen und erfüllen: **Also aufwachen und leben als ich selbst.**

Das bedeutet:

◊   Vom Denken zur Wahrnehmung kommen.

◊   Möglichst ständig „online" sein und mich von der „universellen Weisheit" führen lassen und so *nur noch* richtige Entscheidungen treffen.

◊   Bewusst eintreten in die eigene, natürliche Vollkommenheit.

◊   Die eigene „geistige Geburt" vollenden.

◊   Ständig im „Jetzt" leben und tun, was zu tun ist. Denn: Dieser Augenblick jetzt – alles, was wir erleben - war noch nie, wird auch nie wieder sein und ist nur jetzt. Das Leben ist eine ewige Premiere.

◊   Nicht mehr der Handelnde, sondern der Beobachter sein.

◊   Manifestieren lernen und damit die Zukunft selbst bestimmen.

◊ Vom Erwachsenen zum „Erwachten" kommen.

Sich weiter entwickeln:

◊ Vom begrenzten Intellekt des Verstandes zur unbegrenzten Intelligenz des „erwachten Bewusstseins" kommen.

◊ Alles Unwesentliche und Unvollkommene loslassen und bewusst in die eigene, natürliche Vollkommenheit eintreten. Wenn ich das letzte Unvollkommene losgelassen habe, bin ich wieder bewusst vollkommen.

◊ Den „Schicksals-Magnet-Sosein" ständig optimieren, denn dieser bestimmt unser Schicksal, unsere Zukunft, unser ganzes Leben.

◊ Ständig leben und handeln im „Master-Mind".

◊ Bewusst leben im vollkommen gesunden, ewig jungen, wahren Körper, der uns durch alle Inkarnationen begleitet, und in dem wir ohnehin *ständig* leben. Bewusst leben als „Unsterblicher", der wir ja sind.

◊ Die eigenen natürlichen Talente, Kräfte und Fähigkeiten aktivieren und so das natürliche Genie wecken.

◊ Nicht mehr unbewusst eine negative Zukunft verursachen. Aus seinem Leben ein „Meisterwerk" machen.

◊ Mein eigener Lehrer und Meister sein.

Im Miteinander:

◊ Leben als *„Little Buddha"* im Alltag.
◊ Anderen Chance beim Aufwachen sein.
◊ Ein idealer Partner und guter Freund sein.
◊ Ein Segen sein für jeden, der uns begegnet.
◊ Den Gott im anderen erkennen und ansprechen. Ihn so an sich erinnern und ihn zu sich selbst erheben.
◊ Leben als liebe-volle Präsenz des Allerhöchsten.

Außerdem:

• Sich mit den „Gesetzmäßigkeiten des Lebens" vertraut machen.
• Die „Sprache des Lebens" und die „Botschaft des Körpers"[3] verstehen und befolgen. Und so das Richtige zur rechten Zeit tun.
• Krankheit als Botschaft erkennen, verstehen und befolgen.

„Wenn Sie wollen, beginnt dieses märchenhafte Leben in diesem Augenblick jetzt. Sind Sie bereit? Die Tür ist offen und Sie sind willkommen."

---

[3] Vgl. hierzu die einschlägige Literatur von Kurt Tepperwein.

„Entscheidend für das ganze Leben ist, als wer Sie leben - als Mensch oder als erwachtes Bewusstsein?"

Als Mensch verursachen wir die ganz menschlichen Probleme. Als erwachtes Bewusstsein ziehen wir jedoch nur noch die Menschen, Dinge, Ereignisse und Situationen in unser Leben, die unserem erwachten Bewusstsein entsprechen und treten damit ein in das faszinierende Abenteuer unseres wahren Lebens und leben fortan als *„little Buddha"* im Alltag.

Was wir sind

Der Mensch begann, sich über sein *„Ich habe..."* anstatt über das „Ich bin" zu identifizieren. Also, was sind wir eigentlich? Und hier setzt die Identifikation mit dem Ich, mit dem Menschsein, ein. Doch, sich an die Wirklichkeit zu erinnern, zu sich selbst zu erwachen geht – für Viele anfangs gänzlich *scheinbar* unbegreiflich – darüber hinaus:

Wir sind vollkommenes, ewiges Sein – Bewusstsein |*bewusst sein*|. Wir sind hier nur vorübergehend zu Gast, um die eigene, natürliche Vollkommenheit bewusst zu erleben. Wir wurden weder geboren, noch können wir krank werden, noch werden wir mit der Zeit älter oder sterben wir jemals. Das alles kann nur unser „Erdenkleid", unser physischer Körper. Wir aber sind der Besitzer, der Träger dieser „Schuluniform".

> *„Ich bin der, der sich irgendwann entschieden hat, hier 'Die Schule des Lebens' zu besuchen, lange bevor es meinen Körper, Verstand und Persönlichkeit gab."*

Wir haben vorher gelebt, wir leben während der Schulzeit und wenn wir am Ende der Schulzeit „nach Hause" gehen, leben wir natürlich immer noch – Leben ist ewig. Was wir „sterben" nennen, ist nur das Ausziehen der Schuluniform.

> *„Das Schöne ist: Dazu müssen Sie gar nichts ändern, denn das alles sind Sie ja bereits. Sie sollten sich nur wieder daran erinnern und das braucht auch keine Zeit, denn wie lange könnten Sie brauchten, um zu werden, was Sie bereits sind. Sie brauchen sich nur wieder an die Wirklichkeit erinnern."*

DIE GESETZMÄßIGKEITEN DES LEBENS: DIE GEISTIGEN GESETZE

Von juristischen Gesetzen hören und lernen wir bald. Doch, dass es darüber hinaus noch weitaus bedeutsamere Gesetze gibt, bleibt Vielen oft lange im Verborgenen, nichtsdestotrotz wirken sie munter weiter fort. Es ist eine frohe und heilsame Botschaft: Unser ganzes Leben ist durchdrungen und erfüllt von einer inneren Ordnung solch „Geistiger Gesetze". Und irgendwann kommt die Zeit, sich mit diesen zu beschäftigen, auch, um zu verstehen, dass nichts in dieser Welt Zufall ist, sondern eben diesen „Geistigen Gesetzen" entspringt und entspricht. Sobald wir diese Gesetze kennen und mit ihnen leben und schwingen lernen, werden sie zum Schlüssel für das bewusste Gestalten unseres Lebens. Die Geistigen Gesetze schaffen Vertrauen und Ruhe, dass alles in unserem Leben einen höheren Sinn und Zusammenhang hat.

Ohne die Kenntnis dieser Gesetze, werden so unwissentlich Umstände geschaffen, die wir gar nicht wollen, die unsere Beziehungen stören, unseren beruflichen Weg, unsere finanzielle Situation, unseren Erfolg, Wohlstand und Gesundheit. Diese Unkenntnis verursacht unendlich viel unnötiges Leid, Probleme und Mangel, aber diese Gesetze sind auch der Schlüssel zu einem erfolgreichen und erfüllten Leben. Und genau diese Lehre sollte schon so dringend in unseren Schulen unterrichtet werden, weil sie unser ganzes Leben bestimmen.

Die Geistigen Gesetze:

1.   Das "Gesetz der Liebe" (Das geistige Grundgesetz)

Die Liebe ist das Grundgesetz der Einen Kraft, die wir Gott nennen. Wenn man gelernt hat, zu lieben und das mit der Weisheit verbindet (bewusst lieben), dann ist man vollkommen. Das große Glück finde ich nicht dadurch, dass ich viel Liebe von meinem Partner bekomme, sondern dadurch, dass ich die eigene Fähigkeit optimiere, Liebe zu empfinden und zu verschenken. In dieser Kunst zu lieben liegt der Sinn des Lebens.

2.   Das "Gesetz der Harmonie"

Dieses Gesetz gleicht die verschiedenartigsten Wirkungen aus und sorgt dafür, dass die Harmonie stets erhalten bleibt, oder doch so schnell wie möglich wiederhergestellt wird. Aus ihm lassen sich alle anderen Gesetze direkt ableiten – sie sind in ihm erhalten.

3. Das "Gesetz der Evolution"

Das Gesetz der Evolution besagt, dass sich alles ständig verändert. Die ganze Ordnung in der Natur, ja im ganzen Kosmos, weist auf eine fortschreitende Entwicklung hin, auf ein höheres Sein. Das ewige Sein, obwohl ständig im Wandel, kann weder vermehrt, noch vermindert werden – es ist! Es wandelt seine Form, seinen Ausdruck und ist doch unwandelbar "Das Eine". Alles was ist, ist aus dem "Einen" gemacht und das "Eine" ist in allem. Alles ist ein Teil des Einen und ist doch stets ein Ganzes.

4. Das "Gesetz der Schwingung"

Dieses Gesetz besagt, dass sich alles bewegt, nichts steht still, alles befindet sich in Schwingung. Jeder Gedanke, jedes Gefühl, jeder Wunsch oder Wille ist begleitet von Schwingungen unterschiedlicher Frequenz und wirkt entsprechend seiner Kraft und seinem Inhalt. Alles schwingt, bewegt sich – lebt!

5. Das "Gesetz der Polarität"

Dieses Gesetz besagt, dass alles, was ist, zwei Pole hat, aber in Wirklichkeit doch eins ist. Alle scheinbaren Gegenstände sind ihrem Wesen nach identisch, nur verschieden im Grad ihres Ausdrucks. Sobald wir zur "Ein-sicht" kommen, erkennen wir das Eine zwischen den Polen, die scheinbare Dualität verschwindet, wir sind wieder im "Ein-Klang" mit der Schöpfung.

6.   Das "Gesetz des Rhythmus"

Alles Sein hat seinen individuellen Rhythmus, es steigt und fällt, fließt hinein und wieder heraus. Die Nacht folgt dem Tag und der Tag der Nacht. Dem Werden folgt das Vergehen, das wiederum ein neues Werden hervorbringt.

7.   Das "Gesetz der Entsprechung" (oder Gesetz der Analogie)

Das Gesetz sagt: "Wie oben, so unten; wie unten, so oben. Wie im Kleinsten, so im Größten; wie innen, so außen." Damit sagt das Gesetz auch, dass ein bestimmter Inhalt auch immer eine bestimmte Form haben muss. – Inhalt und Form sind identisch. Und doch gibt es nur ein LEBEN und ein GESETZ und der darin wirkt ist EINER. Und nichts ist innen und nichts ist außen, nichts ist groß und nichts ist klein, nichts ist hoch und nichts ist niedrig in dieser "Göttlichen Weltordnung" – ALLES IST EINS.

8.   Das "Gesetz der Resonanz"

Gleiches zieht Gleiches an und wird durch Gleiches verstärkt. Ungleiches stößt einander ab. Das Stärkere bestimmt das Schwächere und gleicht es sich an. Jeder kann nur das anziehen, was seiner derzeitigen Schwingung entspricht. Die vorherrschenden Gedanken, Gefühle und Neigungen eines Menschen bestimmen seine "geistige Atmosphäre" und schaffen so eine "Aura des Erfolges" oder des Misserfolges.

9. Das "Gesetz der Fülle"

Das Gesetz der Fülle besagt, dass uns die Fülle des Lebens zusteht als unser geistiges Erbe und dass sie uns in jedem Augenblick auch frei zur Verfügung steht. Durch unsere falsche Geisteshaltung und mangelnden Glauben, wird jedoch oftmals eine Beschränkung unseres inneren und äußeren Reichtums und damit Mangel hervorgerufen. Um der Fülle ganz teilhaftig werden zu können, muss ich mein kleines Ich, meinem wahren Selbst, Gott in mir, übergeben.

10. Das "Gesetz der Freiheit"

Das Gesetz der Freiheit stellt den Menschen in jedem Augenblick vor die Fülle der Schöpfung und gibt ihm die Freiheit der Wahl, aber auch den Zwang der Entscheidung. Auch wenn er sich nicht entscheidet, ist das eine Entscheidung. Der Mensch hat die Wahl, sich für den königlichen Weg der Erkenntnis zu entscheiden oder für den normalen Weg des Lernens durch Krankheit und Leid. Der Mensch hat keine Freiheit im Ziel, wohl aber im Weg.

11.   Die "Gesetze des Denkens"

Jeder einzelne Gedanke verändert unser Schicksal, verursacht Erfolg oder Pech, Krankheit oder Gesundheit, Leid oder Glück. Wir müssen daher lernen, möglichst optimal mit unserem Denkinstrument umzugehen. Unsere Lebensumstände existieren nur durch unsere Gedanken – sie schaffen alle Wirkungen in unserem Leben – unsere Wirklichkeit. Und Gedanken, die wir nicht loswerden, werden unser Los.

12.   Das "Gesetz der Imagination"

Jede bildhafte Vorstellung, die uns erfüllt, hat das Bestreben, sich zu erfüllen. Jeder besitzt die Fähigkeit zur bildhaften Vorstellung. Das Bild ist die "Sprache des Unterbewusstseins" und der Seele. Die "inneren Bilder" bestimmen den größten Teil unseres Lebens. Das Leben schafft die Lebensumstände, die wir bewusst oder unbewusst als innere Bilder sehen.

13.   Das "Gesetz des Glaubens"

Der Glaube ist das Erinnern an die eigene, göttliche Natur des Menschen. Einem Jeden geschieht nach seinem Glauben. Glaube ist ein "inneres-gewiss-Wissen", das nicht auf äußeren Beweisen ruht. Alle Dinge sind möglich dem, der glaubt.

14.   Das "Gesetz des Segens"

Ein Segen, der in die Welt gesandt wird, ist die feinste und reinste Form von Gedankenenergie und bewegt die stärkste Kraft des Universums, die Göttliche Liebe. Diese unendliche Kraft der Liebe ist da und wartet nur darauf, von einem Schöpfer in Tätigkeit gesetzt zu werden. Alles was ist, kann ich segnen und alles, was ich ehrlichen Herzens segne, ist im gleichen Augenblick gesegnet und muss mir zum Segen werden.

15.   Das "Gesetz von Ursache und Wirkung"

Alles Geschehen auf dieser Welt gehorcht dem Prinzip von Ursache und Wirkung. "Nichts kommt von nichts" und jede Wirkung entspricht in Qualität und Quantität immer genau der Ursache. Zufall und Glück sind nur Bezeichnungen für einen nicht erkannten Zusammenhang.

16.   Das "Gesetz des Schicksals" (Karma)

Schicksal ist weder unerforschlicher Ratschluss Gottes, noch blinder Zufall, denn jeder bekommt immer nur das, was er selbst verursacht hat, nicht mehr und nicht weniger und nichts anderes. Jeder Gedanke, jedes Gefühl und jedes Wort ist eine Ursache, der eine entsprechende Wirkung folgt. Unser Schicksal ist die Summe der Folgen unserer

Entscheidungen. Das Gesetz des Schicksals belohnt weder, noch bestraft es, es konfrontiert den Menschen nur mit den Folgen seines Tuns. Das Gesetz des Schicksals kann aber einen Menschen nur solange erreichen, solange er aus eigenem Willen handelt. Sobald er seinen Willen in den Schöpfungswillen einfließen lässt, ist er im "reinen, folgenlosen Tun" und frei von Schicksal.

17. Das "Gesetz der Wiedergeburt"

Da die Lebensspanne eines Körpers viel zu kurz ist, um unseren Seinsauftrag auszuführen, die Vollkommenheit unseres Wahren Selbst vollkommen zum Ausdruck zu bringen, bekommen wir solange eine erneute Chance, bis wir unseren Seinsauftrag ausgeführt haben. Hierzu werden wir in immer neuen Körpern wiedergeboren.

18. Das "Gesetz der Gnade"

Gnade ist der durch den Menschen wirkende Geist Gottes, der ihn sicher führt und verwandelt, sobald er darum bittet. (*Bittet und euch wird gegeben werden*). Gnade ist, dass wir der allumfassenden Liebe Gottes jederzeit und überall teilhaftig werden können, indem wir uns ihr zuwenden und ihr öffnen. Auch Karma ist ein Ausdruck der Liebe Gottes und damit Gnade, die darin besteht, dass er uns nicht nur zur Vollkommenheit berufen hat, sondern uns durch das Gesetz des Schicksals auch mit absoluter Sicherheit zu diesem Ziel führt.

19.   Das "Gesetz des Glücks"

Nichts was man im Außen haben kann, macht wirklich glücklich, denn das Glück kann ich nur in mir finden. Ich finde das Glück in mir, unabhängig von allen Umständen, indem ich bedingungslos JA sage zum Leben, so wie es ist.

20.   Das "Gesetz des Dankens"

Das Gesetz des unaufhörlichen Dankens für alles was ist, lässt den Glauben tätig werden, der Berge versetzt. Indem ich mein Herz erfülle mit Dankbarkeit, beginnt die höchste Kraft des Universums durch mich zu wirken, denn ein liebevolles Herz ist der reinste Kanal für das Wirken der Liebe Gottes.

Bewusst zu leben, bedeutet auch, das Leben als ständigen Kommunikator unseres Soseins zu verstehen und somit die Sprache des Lebens verstehen zu lernen, zu verstehen, dass: ALLES, was wir erleben, eine Botschaft ist. Das Leben „spricht" ständig zu uns. Wenn wir eine Botschaft nicht verstehen, oder nicht befolgen, schickt uns das Leben „Nachhilfeunterricht", in Form einer deutlicheren Botschaft. Ein Symptom ist *nicht* die Krankheit, sondern nur die Botschaft über die Art der Störung und die Aufgabe, denn hinter *jeder* Krankheit steckt *immer* eine ungelöste Aufgabe |*Auf-Gabe*|. Im „Tagebuch unseres Körpers" steht unsere Lebensgeschichte. Aber die meisten Menschen wollen gar nicht gesund werden, sie wollen nur keine Beschwerden mehr haben, um danach genauso falsch weiterzumachen.

Wenn wir erkannt haben, dass *jedes* Symptom eine Botschaft ist, dann *kann* es nicht sinnvoll sein, die Botschaft zu unterdrücken, ohne sie verstanden und befolgt zu haben. Das aber ist „DER SCHLÜSSEL ZU HEILUNG". Ein Krankheitsverlauf zeigt die Lernschritte im Bewusstsein auf und die Heilung zeigt, dass die Aufgabe gelöst ist.

*„Die WAHRE Krankheit aber ist
IMMER `Selbst-Vergessenheit`".*

Oft besteht die Aufgabe darin, etwas aufzugeben, eine falsche Tätigkeit, eine überholte Beziehung, einen falschen Weg oder eine falsche Überzeugung. Alle menschlichen Probleme sind die Folge einer „geistigen Krankheit", die vollkommen geheilt werden kann, nämlich durch: Erwachen zu sich selbst.

Dazu mache ich mir zunächst einmal meine Situation bewusst: Mein Körper und mein Verstand sind mein „Erfahrungs- Instrument". Weiters: Mit dem EINEN SEIN „sprechen" und sich zeigen lassen, WAS zu tun ist, ist nach der Diagnose eine wichtige Therapie. Denn sobald verstanden wurde, was das Symptom oder der Lebensumstand uns sagen will und wir das NOT-wendige tun, können wir uns dankend beim Symptom verabschieden. Es hat seine Aufgabe erfüllt und löst sich dann ganz von selbst auf.

*„WAHRE Heilung ist die Herstellung
der Harmonie auf ALLEN Ebenen.
WAHRE Heilung ist mehr, als das
Nichtvorhandensein von Krankheit.
Gesundheit ist Harmonie, Vitalität
und Lebensfreude. Und JEDES
Symptom zeigt, welche heilende
Erkenntnis fehlt."*

DIE URSACHE DES LEIDENS: DIE ILLUSION DES ICH

Mit seinem Körper oder seinem Verstand identifiziert zu sein, bedeutet, in der Illusion des Ich zu leben, was wiederum die Quelle allen Leidens ist.

Ganz gleich, worunter wir leiden, *es ist immer nur unser nicht Einverstandensein mit dem, was ist.* Machen wir uns jedoch bewusst: Niemand hat die Macht (über uns), dass wir leiden! Ganz gleich, was der andere macht, wir leiden nur an unserem Urteil, dem nicht Einverstandensein. Das zeigt auch die „Weisheit der Sprache", wenn wir sagen:

◊ SICH Sorgen *machen* – die sonst gar nicht da wären
◊ SICH *über* jemanden ärgern – der andere kann das gar nicht

Wollen wir diesen Kreislauf durchbrechen, benötigt es nur entsprechende Anweisungen, vor allen Dingen: Das Ende der Illusion des Ich ist zugleich das Ende des Leidens. Das Leben wartet nur auf **Ihre** Anweisungen und alles ist möglich.

MIT EINEM SCHRITT KANN ICH JEDERZEIT ALLES ÄNDERN.

„Also nicht warten, sondern starten."

Auf die Frage, was jetzt noch wichtig ist, durften folgende Botschaften durch Herrn Kurt Tepperwein sprechen:

◊ Mein „Sosein" ständig optimieren.

◊ Negative Gewohnheiten - wie SICH ärgern, Stress, Ängste, sich Sorgen machen, negatives Denken, usw. - auflösen (um damit nicht weiterhin zuverlässig eine negative Zukunft zu verursachen)

◊ Durch ständiges *online* sein nur noch richtige Entscheidungen treffen.

◊ Aus JEDEM Vorhaben einen Erfolg machen.

◊ Selbst bereits erfolgte Misserfolge und Verluste doch noch in Erfolge und Gewinne wandeln.

◊ Die Antwort auf JEDE Frage, die Lösung für jede Aufgabe erkennen, den besten Weg, die richtigen Schritte und vor allem, wie es ausgeht, bevor Sie beginnen.

◊ Ständig gut gelaunt und bewusst sympathisch sein.

◊ Krankheit als Lehrer unnötig machen.

◊ Ein unfassbares „Wohlstands-Bewusstsein" schaffen.

◊ Eine natürliche, sympathische, beeindruckende und charismatische

„Erfolgs-Persönlichkeit" schaffen, der der Erfolg scheinbar mühelos in den Schoß fällt.

◊ Ein Experte werden auf meinem Gebiet, durch lebenslanges Lernen.

◊ Seiner wahren Berufung folgen.

◊ Die tägliche gute Idee zur Gewohnheit machen und verwirklichen.

◊ Den gewünschten Erfolg verursachen und geistig in Besitz nehmen.

◊ Am Start schon gewonnen haben.

◊ Erfolg, Gesundheit und Wohlstand mehrende Gewohnheiten schaffen.

ERWACHEN ZU SICH SELBER

Machen wir uns bewusst, wer wir sind! Wir sind die, die sich irgendwann zu Hause entschieden haben, die Schule des Lebens zu besuchen, um hier die eigene natürliche Vollkommenheit bewusst zu erleben, damit ich von der unbewussten Vollkommenheit zu Hause zur bewussten Vollkommenheit komme, denn: In der Vollkommenheit zu Hause kann ich Vollkommenheit nicht erfahren, weil es keinen Anlass gibt. Ich brauche also den Spiegel der Unvollkommenheit hier auf der Erde, da gibt es zu allem auch das Gegenteil, deswegen ist das die ideale Schule für diese Erfahrung. Hier kann ich also meine Vollkommenheit erleben – dazu musste ich jedoch vollkommen meine Vollkommenheit vergessen und so habe ich jetzt die Chance, sie vollkommen zu erleben. Dabei muss ich nur erkennen, dass ich es ja schon bin, ich muss es also gar nicht werden. Dann erkenne ich: Ich muss ja gar nichts verändern, ich muss mich ja nur erinnern und sie Schritt für Schritt in Besitz nehmen, bis mein ganzes Leben ein vollkommener Ausdruck meiner eigenen natürlichen Vollkommenheit ist. Ein idealer Weg zur Vollkommenheit ist: Loslassen. Ich brauche nur eines nach dem anderen meiner menschlichen Unvollkommenheiten loslassen. Je mehr Sie loslassen, desto vollkommener werden Sie.

Und das ist das Einzige, wofür wir hier sind: Uns wieder zu erinnern. Das ist unsere Lebensabsicht.

„Das ganze menschliche Drama verschwindet in dem Moment, in dem Sie zu sich selbst erwacht sind und dann erkennen Sie auch: Ich war ja die ganze Zeit der, der ich bin. Ich hatte es nur vergessen."

Der Erwachens-Prozess:

Für die nächsten Schritte gilt: Nicht nur lesen – oder in Videos zuhören -, um es zu wissen, sondern: vollziehend erleben:

1. *Ich mache mir bewusst*: **Ich bin nicht mein Körper. Ich bin nicht mein Verstand. Ich bin nicht meine Persönlichkeit.**
2. Erkenntnis: **Ich habe einen Körper. Ich habe einen Verstand. Ich habe eine Persönlichkeit. Was sich habe, kann ich ja nicht sein.**
3. Ich bin der Besitzer, der Benutzer. Mein Körper mit Verstand ist mein Erfahrungsinstrument. **Ich aber bin der Erfahrende.**

Und als dieser Erfahrende beobachte ich jetzt einmal meinen Körper beim Leben. Ich verlagere meinen Erlebnispunkt hinter meinen Körper (oder: sich durch die Augen des Körpers beim Leben zuschauen) und schaue nun meinem Körper beim Leben zu. Und jetzt geschehen eine Reihe von Wundern:

1. Das, was ich beobachte, kann ich nicht sein. Damit habe ich den Stecker der Identifikation mit der Illusion des Ich gezogen. **Ich bin der Beobachter und mein**

Körper und mein Verstand sind das Beobachtete.

2. **Ich bin so vom Denken zur Wahrnehmung gekommen.** Wahrnehmung kann sich nicht irren, wie eine Kamera zeigt sie nur, was ist, absolut zuverlässig und fehlerfrei. So sind sie zu Ihrer eigenen Wirklichkeit erwacht. Sie sind nicht Ihr Körper, Sie haben einen Körper.

Der letzte Schritt:

3. **Sie bleiben, wenn Sie bereit sind, für immer und ständig der Beobachter.** Und bleiben damit der, der Sie wirklich sind: Bewusstsein. Sie erleben sich als bewusster Beobachter, als erwachtes Bewusstsein und beobachten Ihre Schuluniform, Ihr Erdenkleid, aber Sie sind der Träger.

Erwacht und als bewusster Beobachter leben Sie immer im Jetzt, dort, wo Ihr Leben stattfindet.

ÜBER DIE LIEBE

Als ich Herrn Kurt Tepperwein nach dem Wichtigsten im Leben gefragt habe, haben wir uns dabei auch über die Liebe unterhalten. Herr Tepperwein antwortete mir darauf:

Ein Ich kennt keine wahre Liebe. Es meint, dass es sie kennt. Ein Ich kennt nur Begehren. Das ist eine sehr begrenzte, menschliche Form von Liebe. In Wirklichkeit ist Liebe unser wahres Wesen, das heißt, wir sind von Natur aus Liebe. Wir sind Liebe, die sich ihrer selbst bewusst ist. Das ist unser wahres Wesen. Liebe ist ohne Wollen. Liebe schließt nichts aus. Liebe ist allumfassend, das ist unser Wesen. Liebe ist nie mit Kummer verbunden. Liebeskummer geht gar nicht, das gibt`s nur im Menschsein, weil, der andere kann mich ja nicht hindern, ihn zu lieben. Wenn ich Sie liebe und Sie lieben mich nicht, ist ja nirgendwo ein Problem. Sie können mich ja nicht hindern, Sie zu lieben, ich liebe Sie einfach und bin glücklich dabei – weil: Der Liebende will nicht haben, der will nur lieben.

In der Liebe gibt es überhaupt kein Ende, Liebe hat immer nur einen Anfang und ist dann immer.

Wir lieben nicht jemanden oder etwas: Wir sind Liebende. Wir sind einfach in der Liebe und die schließt nichts aus, die will auch nichts haben und nichts verändern.

Wenn ich ein idealer Partner bin, habe ich das zur Vollkommenheit erhoben, das heißt: Ich erkenne den Gott im Anderen.

Es war mir eine Freude und Ehre, die so wichtigen Botschaften von Herr Tepperwein für unsere Zeit und die von morgen in diesem Buch in aller Dankbarkeit über das Eine gemeinsame Sein festzuhalten. Kurt Tepperwein ist für mich Vorbild, Mentor und Lehrmeister, voller Weisheit, Liebe und Mitgefühl und jemand, der Türen öffnet, um dann selber, wenn man bereit ist, durchzugehen. Als Nachhall noch einmal die deutlichste Botschaft aus allem Gesagten:

Das **Erwachen zu sich SELBST** ist das *einzig Wesentliche im Leben.* Entscheidend ist, als wer ich lebe: als Mensch, oder als erwachtes Bewusstsein.

Als Mensch ziehe ich die ganz normalen menschlichen Probleme an. Ich beende die Identifikation mit der „Illusion des ich" SOFORT und ZUVERLÄSSIG, indem ich mir als *bewusster Beobachter* beim Leben zuschaue.

Die Botschaft von Kurt Tepperwein wird durch
seine Lehre des Mentaltrainings *„als wunderbares Werkzeug für den Eintritt in die geistige Welt, als unverzichtbarer Schritt auf dem Weg der eigenen Entwicklung"* transportiert.
(Kurt Tepperwein über das Mentaltraining).